AF320624

LES

CHEMINS DE FER

PENDANT LA GUERRE DE 1870 ET 1871,

PAR M. BAUDE.

Membre du Conseil de la Société (1).

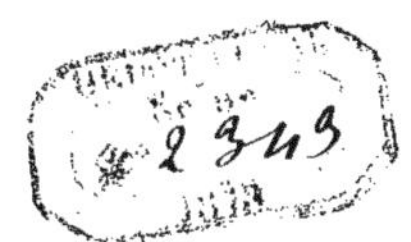

Messieurs, nous reproduisons ici le titre d'un ouvrage (2) de M. Jacqmin, ingénieur en chef des ponts et chaussées, directeur de la compagnie des chemins de fer de l'Est. C'est le résumé de leçons professées, pendant l'année qui vient de s'écouler, à l'École des ponts et chaussées. Il est remarquable, à tous égards, par les documents qu'il renferme, par les faits qu'il cite et par les conseils qui en découlent.

Lorsqu'on lit les mémoires (en général justificatifs pour l'auteur) publiés sur les désastreux événements de la dernière guerre, on est frappé de l'incohérence des prétendus plans qui auraient dû la préparer. L'absence de commandement, la légèreté, l'indiscipline sont à tous les degrés de l'échelle. Sans doute, les responsabilités sont diverses, immenses pour les uns, légères pour les autres ; mais, depuis l'Empereur jusqu'au plus obscur citoyen, depuis le maréchal jusqu'au simple soldat, il n'est personne qui n'ait, au fond de sa

---

(1) Extrait du *Bulletin* de la Société.
(2) *Leçons faites en 1872 à l'École des ponts et chaussées*, 1 vol. in-8°, Hachette.

1

conscience, un reproche à se faire, et qui n'ait coopéré, pour sa part, à cet effondrement, à ces malheurs inouïs dans l'histoire des peuples. Dans ce *meâ culpâ* général, le personnel des chemins de fer, grâce à son organisation, peut être rangé parmi les moins coupables, et la critique de M. Jacqmin, venant d'ailleurs en aide à l'opinion publique, prouve que les administrations qui exploitent ces grandes voies de communication se sont trouvées à la hauteur de l'immense tâche qui leur était répartie.

Les cahiers des charges des compagnies de chemins de fer ne contiennent rien de particulier pour le transport des troupes en temps de guerre, si ce n'est des réductions sur les tarifs, applicables dans tous les temps. Ainsi les militaires ou marins, voyageant en corps ou isolément, ainsi que le matériel, ne payent que le quart du tarif légal. Si l'État notifie à la compagnie qu'il peut exiger tous ses moyens de transport, que voies, véhicules, machines, ateliers, sont à sa merci, alors le tarif appliqué est de moitié, et non plus du quart.

On ne saurait, en effet, introduire dans un cahier des charges ce qui est du domaine des règlements. Les seuls qui aient été rendus en cette matière ont trait à quelques articles de l'ordonnance surannée de 1846, qui régit encore les chemins de fer, alors que le Ministre de la guerre juge à propos d'adresser des réquisitions aux compagnies. Ainsi, par exemple, on ne doit pas composer un train de voyageurs de plus de vingt-quatre waggons, tandis qu'un train militaire peut être porté à quarante, sous la réserve que la vitesse de marche ne dépassera pas 30 kilomètres à l'heure. Un autre règlement, promulgué en 1861, fixe les précautions que l'on doit prendre pour le transport des poudres. Le Ministre de la guerre a fait également diverses prescriptions sur le mode d'embarquement et de débarquement des troupes d'infanterie, de cavalerie et d'artillerie, sur l'arrimage des sacs sous les banquettes, et sur des dispositions de détail qui, faute de pratique ou de discipline, sont singulièrement méconnues en temps de guerre. Mais dans tous ces règlements, assez insignifiants par eux-mêmes, on ne trouve aucune trace d'entente entre les expéditeurs ou réceptionnaires militaires et les compagnies.

Cette lacune avait frappé, pendant son trop court ministère, le maréchal Niel, de regrettable mémoire. Le général Niel, qui commandait un corps d'armée en Italie, tout en admirant la célérité des transports qui furent effectués par la compagnie du chemin de fer de Lyon-Méditerranée, avait remarqué des cas nombreux d'encombrement aux gares. Avant même d'être Ministre, et pendant son commandement à Toulouse (nous en avons été le témoin), il avait entretenu ses anciens camarades des ponts et chaussées de la nécessité d'une entente entre les officiers d'État-major et les ingénieurs pour l'appropriation des chemins de fer aux besoins de l'armée.

La commission nommée par le maréchal Niel était composée de six officiers, et des directeurs ou chefs d'exploitation des six grandes compagnies de chemins de fer. Cette commission eut vingt-neuf séances, et le résultat de ses délibérations, sans qu'elles aient été formulées dans un document officiel, fut qu'il y avait lieu de créer, à Paris, une commission centrale militaire composée d'officiers généraux, d'officiers d'artillerie et du génie, de fonctionnaires de l'intendance, et d'un délégué de chaque grande compagnie, qui réglerait les rapports des militaires et des compagnies en ce qui concerne les chemins de fer. On s'occupa de la formation des trains de troupes; on fit des tableaux indiquant la composition d'un train en officiers, soldats, chevaux, voitures, bagages; on fit varier les tableaux suivant que le train était destiné à l'infanterie, à la cavalerie ou à l'artillerie. On s'occupa beaucoup de la fixation de la vitesse des trains, du passage aux bifurcations, de l'alimentation des machines, de l'arrêt des trains pour repos et repas. Chose plus sérieuse que tous ces détails qui sont, pour les hommes pratiques, l'A B C des chemins de fer, on s'occupa aussi de l'embarquement et du débarquement des troupes, soit dans les gares et stations, soit en pleine voie. Au moment où quelques-unes des instructions de la commission allaient passer à l'état d'expérimentation, la mort surprit le maréchal Niel, et soit déplaisances personnelles, soit confiance illimitée dans l'intelligence française, son successeur ne donna aucune suite aux travaux préparatoires de la commission.

Telle était la situation au mois de juillet 1870, où la guerre fut déclarée, et l'on s'engagea dans les transports des chemins de fer, sans se douter que la première précaution à prendre était de ne pas encombrer les gares, que l'expéditeur devait se soucier du destinataire et s'enquérir des moyens qu'il avait pour l'enlèvement des munitions de tout genre; que le soldat ne devait pas être abandonné à la simple surveillance des agents des compagnies, sans autorité sur eux; qu'il fallait faire arriver les régiments au complet, et ne pas laisser des soldats en arrière, masse flottante qui a été, pour nos armées, une plaie et une honte!

Comme annexes à la commission centrale que le maréchal Niel voulait créer, il avait pensé qu'il convenait de former, sur chaque réseau, une sous-commission composée d'un officier du génie, d'un officier d'artillerie et d'un ingénieur de la compagnie pour résoudre sommairement toutes les questions qui se présenteraient et donner toutes les instructions nécessaires pour le fonctionnement des transports militaires. C'était une idée dont on retrouvera la réalisation dans les règlements prussiens ; mais, comme pour toute autre chose, rien ne fut fait.

Avant d'entrer dans les nombreux et tristes détails que révèle l'ouvrage de M. Jacqmin, et dont nous vous dirons tout à l'heure un mot, il nous paraît utile de vous présenter l'ensemble de l'organisation prussienne dans ses rapports avec les chemins de fer.

On reconnaît partout, dans toute cette organisation, l'union, la juxtaposition, si on nous permet une expression semblable, de l'officier d'État-major et du fonctionnaire technique des chemins de fer ; jamais l'un n'agit sans l'autre, jamais l'un ne signe sans l'autre. On évite ainsi les bévues, sans cesse reproduites sous nos yeux pendant les années néfastes de 1870 et 1871.

A Berlin réside une commission centrale des chemins de fer, et elle est composée d'officiers supérieurs et de conseillers de divers départements civils, ayant la direction ou l'exploitation de ces voies de communication. On sait qu'en Prusse l'État exploite plusieurs chemins de fer, à côté de compagnies concessionnaires.

Près de la commission centrale se trouve une commission d'exécution, composée d'un officier d'État-major et d'un ingénieur technique qui prescrivent, d'accord entre eux et en commun, les mesures à prendre pour les transports militaires.

Ce n'est plus assez, quand on en vient au détail. Il y a aussi ce qu'on appelle des commissions de lignes, composées d'un officier et d'un agent ou ingénieur du chemin de fer. L'action de ces commissions spéciales, lorsqu'il y a des transports de troupes dans différentes parties de l'Empire, s'étend sur un parcours de 300 à 1 200 kilomètres environ.

Elles visitent toujours, par avance, les sections que les troupes doivent parcourir. Elles s'assurent des dispositions prises sur les lieux, où troupes et matériel doivent être embarqués et débarqués ; des approvisionnements réunis ou à réunir au moment de leur arrivée. Elles prennent les mesures nécessaires pour faire regagner leurs corps aux soldats attardés. Là, il y a partout alliance de l'autorité militaire qui commande et qui maintient une discipline rigoureuse vis-à-vis du soldat, et de l'homme technique du chemin de fer qui instruit l'autorité et lui évite les erreurs qu'elle pourrait commettre.

Il serait fastidieux pour vous, Messieurs, et oiseux en même temps, d'entrer dans tous les détails des règlements prussiens. Il est à remarquer, toutefois, que ceux-ci estiment que sur les voies uniques on peut expédier dix trains par jour et quatorze sur les voies doubles, sans porter atteinte au service des Postes, et en conservant encore ce qui est rigoureusement nécessaire aux transports des voyageurs. Vous verrez que nous pouvons faire beaucoup plus que cela.

Tout est prévu dans ces règlements militaires, qui ont une grande analogie avec ceux qui régissent les chemins de fer dans l'Empire d'Autriche. Les tableaux de transports des troupes réglés d'avance, *ne varietur*, permettent à tout chef de corps, à tout général d'armée de savoir, à chaque instant, où voyage, où s'arrête chaque compagnie d'un régiment. Il n'y a ni presse, ni confusion dans ces mouvements, qui sont réglés d'avance et exécutés avec une sage lenteur qui prévient tout désordre.

Le premier règlement prussien pour les transports de troupes sur les chemins de fer remonte au 1er mai 1861. Il a été édicté par le général Von Roon, encore aujourd'hui Ministre de la guerre.

On s'y occupe d'abord du matériel de transport, des aménagements particuliers qu'on doit y installer, de la proportion à garder entre ce matériel et l'ensemble des troupes qui doivent s'en servir. On traite ensuite de toutes les dispositions particulières aux gares où les troupes doivent séjourner, de ce qu'on doit y préparer d'avance; quels sont les quais, les rampes pour embarquer ou débarquer les chevaux et les affûts, les emplacements pour chaque nature d'objets amenés par les trains.

On sait où doivent s'alimenter hommes et chevaux, et l'on prépare d'avance tout ce qui est nécessaire à cet effet. Ces règlements ont reçu successivement un grand nombre d'annexes, et ils s'appliquent aussi bien aux chemins de fer exploités par l'État qu'à ceux qui sont aux mains des compagnies.

En 1870, les Gouvernements de la Bavière, du Wurtemberg et du Grand-duché de Bade adhérèrent aux règlements prussiens de 1861. Tous les autres chemins des compagnies de la confédération du Sud n'hésitèrent pas à s'y rallier.

Il existe, en Allemagne, une institution qu'on installe immédiatement dans toute gare où doivent s'effectuer ou se concentrer de grands mouvements militaires : nous voulons parler des commandants d'étapes qu'ont vus fonctionner un trop grand nombre de nos gares du chemin de fer de l'Est, alors qu'il était sous le séquestre prussien.

Aussitôt arrivés, ces commandants se mettent à la tête d'une gare, et tout leur est subordonné, bien qu'ils restent eux-mêmes sous l'autorité des commissions de ligne.

On choisit, en général, des officiers qui connaissent les règlements de l'exploitation et le service des gares. Ils doivent parler la langue du pays, s'enquérir des ressources qu'il présente en vivres, logements, etc.

Ils veillent à la distribution des vivres, à l'installation des lieux où le soldat doit manger, à celle des cuisines provisoires. Ils s'assurent des approvisionnements d'eau, et ne négligent même pas les latrines du soldat en passage.

Si la gare a besoin d'être mise en état de défense, ils s'occupent des mesures à prendre pour qu'elle soit à l'abri d'un coup de main. Ils peuvent requérir des troupes à cet effet.

Dans tout ce qui concerne l'aménagement des troupes dans la gare, le commandant d'étape est obéi par les officiers même d'un grade supérieur, qui s'y trouvent en passage.

Toutes les mesures que nous ne faisons qu'indiquer ont été expérimentées pendant la paix; tout alors fonctionne avec ordre au moment de la guerre.

Les armées en Autriche, et même en Belgique, ont leurs règlements pour les transports de troupes sur les chemins de fer; ils ont une parfaite analogie avec le règlement prussien. Cela se conçoit, il n'y a qu'une seule façon de bien faire, sans exclure cependant les perfectionnements; mais ajoutons que, pour exécuter de bons règlements, il faut cette discipline absolue qui se trouvait exister à un si haut degré chez nos ennemis.

Nous arrivons à une tâche pénible dans l'analyse de l'ouvrage de M. Jacqmin : c'est l'emploi que notre incurie a fait des chemins de fer pendant la guerre de 1870 et 1871. Là, tout est légèreté, ignorance, gaspillage dans l'emploi de ces admirables instruments de transport, où les agents rivalisaient de zèle et de courage et, bien qu'employés civils, donnaient des exemples de discipline et d'ordre à plusieurs de ceux-là même dont ces vertus devaient être l'apanage.

Ce n'est pas que nous ayons la prétention de dire qu'elles nous eussent sauvés de nos défaites; le nombre, l'organisation antérieure étaient contre nous; mais elles les eussent certainement amoindries.

Dans le récit rapide que nous allons faire, le chemin de fer de l'Est occupe la plus grande place; c'est lui, en effet, qui a le plus fait et en même temps le plus souffert, puisque nos nouvelles frontières lui ont enlevé 840 kilomètres de son exploitation.

Dès le 15 juillet 1870, le Ministre de la guerre prenait un arrêté qui mettait à la disposition de son département tous les moyens de transport des chemins de fer de l'Est, du Nord et de Lyon. Ce régime exceptionnel n'a cessé qu'au 30 juillet 1871. Les lignes de l'Ouest et d'Orléans avaient reçu l'avis de se préparer aux mêmes services.

Le chemin de fer de l'Est, qui aboutissait aux places fortes de Metz et de Strasbourg, était naturellement le principal instrument de transport des troupes vers notre frontière. Dans la nuit du 15 au 16, tous les ordres étaient donnés sur les trois directions qui pouvaient conduire à Strasbourg et à Metz : par Frouard en ligne directe, par Belfort et Colmar, par Reims, Charleville, Sédan et Thionville.

Dans la nuit du 16 juillet, à partir de 5 heures 45 minutes du soir, on expédiait. . . . . 15 trains.

Le 17, on en expédiait.	49	—
Le 18, —	54	—
Le 19, —	62	—
Le 20, —	50	—
Le 21, —	55	—
Le 22, —	74	—

et ainsi de suite ; en 22 jours, la compagnie de l'Est avait expédié 300 000 hommes, 65 000 chevaux, 6 600 canons ou voitures, 4 400 waggons de munitions et de subsistances.

Dans les dix premiers jours, c'est-à-dire le 26 à minuit, l'effectif transporté à la frontière était de

Hommes.	186 620
Chevaux. . . . . . . ,	32 410
Canons ou voitures. .	3 162
Waggons de munitions.	995

Certes, grâce à de grands efforts, l'activité déployée avait permis de devancer de beaucoup l'armée allemande : nous n'avons pas à examiner s'il eût été alors possible de porter, à ce moment, la guerre sur le territoire ennemi.

Toutefois les départs, les premiers surtout, accusaient l'inexpérience des corps et des soldats dans l'embarquement des troupes. Il y a, sans doute, de grandes et honorables exceptions dans ce que nous avons à dire ; mais, en général, les troupes arrivaient aux gares trois ou quatre heures avant le départ ; elles gênaient les manœuvres, et quantité de soldats oisifs et débandés encombraient les cabarets, conduits ou régalés par ces bandes ignobles qui criaient : A Berlin ! Ces malheureux perdaient leurs munitions, revenaient ivres aux abords des gares, incapables de s'embarquer, et formaient ensuite ce qu'on appelle des *isolés*, soldats qui ont abandonné leur drapeau. Ils erraient longtemps de buffets en buffets des stations, secourus par d'honnêtes ou naïfs citoyens, jusqu'à ce qu'ils fussent enrôlés par l'intendance dans ces bandes à uniformes bigarrés que conduisait un sous-officier. Que faire ? Comment punir ? Dans la précipitation de la déclaration de guerre, on avait oublié, d'ailleurs, de former des cours martiales qui assurent la discipline de l'armée.

Tout le personnel des compagnies a fait de grands efforts sans doute, mais il lui était impossible de maintenir l'ordre au milieu de cette foule de soldats débandés.

Un régiment d'infanterie se compose, d'ordinaire, de

Officiers.	70
Hommes.	2 890
Chevaux.	39
Voitures.	14

Il peut ainsi former la composition de trois trains, soit

Officiers.	23 à 24
Hommes.	943
Chevaux.	13
Voitures.	4 à 5

Or il arrivait que cet effectif n'était presque jamais au complet. Il eût fallu alors faire partir des trains à moitié charge, ce qu'on ne pouvait tolérer, ou bien les composer de corps mélangés, ce qui eût augmenté démesurément le nombre de ces soldats ne pouvant rejoindre leurs corps.

Nous ne saurions attaquer l'Intendance de l'armée, composée, en général, d'officiers si distingués, mais l'encombrement et le désordre dans les gares accusent le défaut d'organisation de ce corps, et une ignorance complète de ce que peut faire un chemin de fer. Ainsi on expédiait sans savoir qui devait recevoir; aussitôt en résultait une confusion, comme on peut en juger par exemple, pour la gare de Metz.

Metz ne manquait pas de moyens de dégagement. On disposait de la gare proprement dite, à la Porte Serpenoise, des voies des ateliers de Montigny-les-Metz, de la gare de Devant-les-Ponts.

Les voies de garage avaient un développement de 6 500 mètres. On pouvait mettre, sur 2 708 mètres de voies, accotées de deux quais, 310 waggons qu'on pouvait décharger simultanément. En vingt-quatre heures, il était donc facile de rendre libres 900 waggons; mais il fallait, pour cela, que l'enlèvement de la marchandise fût immédiat.

Le camionnage seul de la compagnie, qui avait traité avec le Ministre de la guerre pour 100 tonnes par jour, en enlevait, en moyenne, 600. Les voitures requises affluaient sur les places, dans les rues de Metz; mais on ne prenait pas livraison, on ne savait à qui livrer, lorsqu'en même temps tous les Services demandaient la priorité. Le moindre garde-magasin venait donner des ordres, s'emparait des chefs de gare, tandis que l'artillerie réclamait le privilége d'être servie la première; c'était un désordre inextricable. On recevait des ordres pour immobiliser les chargements dans les waggons, et faire de ceux-ci de véritables magasins de distribution. Deux fois, on reçut des ordres pour immobiliser quarante trains pour le transport d'un corps d'armée de 30 000 hommes ; on n'en fit pas usage, et les services d'approvisionnement furent deux fois suspendus, faute de waggons dont on ne se servait pas.

Nous n'insisterons pas, mais on peut lire dans le livre de M. Jacqmin une série d'ordres contradictoires auxquels se pliaient les compagnies, sans succomber, toutefois, grâce au dévouement, au courage d'un personnel civil bien discipliné.

Combien on devait regretter alors l'institution des commissions mixtes qui auraient prévenu tous ces désordres!

On peut signaler aussi, dans bien des circonstances, l'emploi irréfléchi des chemins de fer pour le transport des troupes, alors qu'il eût été préférable d'employer la voie de terre, soit parce que les lignes n'étaient pas gardées, soit que les distances fussent trop courtes, soit que les troupes fussent ame-

2

nées dans des gares déjà encombrées. Mais les faits cités à ce propos se rap-
portent à des époques postérieures à nos premières défaites.

La tendance à immobiliser les waggons, si grande dans l'Administration
militaire, n'était pas moindre chez les autorités civiles qui prétendaient aussi,
pour la plupart, réquisitionner sur les chemins de fer tous les transports à
leur convenance. Sans doute, tout n'est que vanité; mais il en est une parti-
culière à quantité de maires, c'est de faire acte d'importance sur la gare de
leur commune ou de leur canton. On résiste à ces prétentions, mais elles
compliquent singulièrement le service. Ainsi, par exemple, on faisait établir
un camp de manœuvres pour l'instruction de la garde mobile près de Lyon, à
Vénissieux, sur la rive gauche du Rhône. Les baraquements ayant éprouvé
du retard, le Préfet s'imagina de réquisitionner tous les waggons disponibles
de la compagnie des chemins de fer de l'Est pour suppléer aux baraquements
qui faisaient défaut. A la vérité, on ne tint aucun compte de ses injonctions
qui furent réprimées par le Gouvernement de Bordeaux.

Nous ne saurions entrer, sans dépasser les bornes de cette communication, dans l'analyse des chapitres intéressants où M. Jacqmin parle des
services rendus par les ateliers des chemins de fer pendant le siége, de la
merveilleuse activité qui a été déployée pour le ravitaillement de Paris,
malgré les dévastations de toute nature subies par les lignes, des mesures
plus ou moins acerbes prises par les Allemands, alors qu'ils s'étaient emparés
de l'exploitation des sections de nos lignes ferrées, des obstacles créés par la
destruction d'ouvrages pour arrêter la marche de l'ennemi. On ne saurait
faire de la concision en abrégeant des détails déjà très-concis, et des
observations très-sagaces présentées sur l'emploi des chemins de fer
pendant la guerre.

Nous n'avions rien prévu pour la défense de certaines gares de bifurcation, qui, occupées par quelques éclaireurs ennemis, mettaient à la disposition de l'armée envahissante des moyens d'évacuation qui auraient pu nous
être encore si utiles.

L'étude légère, ou plutôt l'absence d'étude de nos voies ferrées par certains
ingénieurs militaires, a fait détruire, bien inutilement, une foule d'ouvrages
d'art; d'autres qui auraient pu créer, par leur destruction, des forces retar-
datrices opposées à la marche de l'ennemi ont été négligés.

Nous étions tellement confiants en nous-mêmes, que tandis que les Allemands exécutaient de grands travaux sur les lignes principales pour faire

sauter certains ouvrages d'art, et cela avec réserve et méthode, nous ne songions nullement à prendre les mêmes précautions. Toutefois, comme, en cas de défaite, il venait à la pensée de chacun de s'occuper de la défense de la ligne des Vosges, la compagnie de l'Est avait demandé au Ministre de la guerre l'autorisation de faire, sous la direction des officiers du génie, certains travaux à la hauteur de Lutzelbourg pour détruire une partie du souterrain, et encombrer les tranchées profondes qui traversent les Vosges. Ces travaux furent exécutés, mais il n'appartenait pas à la compagnie de faire sauter ses propres ouvrages d'art pour créer ces obstacles à la marche envahissante de l'ennemi. Ils servirent donc à la retraite du corps de Mac-Mahon après la perte de la bataille de Frœschwiller, mais ils restèrent libres pour la poursuite de l'ennemi, à la grande joie de l'État-major allemand qui s'attendait à les voir coupés.

Parmi les obstacles de ce genre qui gênèrent beaucoup les communications de l'Allemagne avec Paris pendant le siége, nous citerons le souterrain de Nanteuil, qui, au delà de la Ferté-sous-Jouarre, passe sous un contre-fort qui s'avance vers un coude accentué formé par la vallée de la Marne. Les ponts et les pieds-droits avaient été détruits par six fourneaux de mine sur 25 mètres de longueur. En vain les Allemands tentèrent-ils de rétablir ce passage; les éboulements de sable de la partie supérieure ne permirent même pas d'établir une simple voie sous des blindages sans cesse renversés par de nouveaux éboulements. Ils prirent alors le parti de contourner la montagne au moyen d'une voie provisoire de 5 000 mètres de longueur, avec des courbes de 125 mètres de rayon. Ces travaux occupèrent un espace de temps de plus de trois semaines, ce qui contraria fort leurs communications avec Paris investi.

L'ouvrage de M. Jacqmin, dont notre analyse rapide ne peut donner qu'une pâle idée, est naturellement suivi de conclusions. Nous les citerons avec d'autant plus de confiance, que déjà le Ministre de la guerre a pris des mesures propres à rendre familières à notre armée, dans une certaine mesure, les connaissances qu'elle aurait dû avoir des manœuvres sur les chemins de fer, si on avait donné suite aux sages prévisions du maréchal Niel.

L'organisation du réseau des chemins de fer, réparti en six grandes compagnies, a répondu à tout ce qu'on pouvait exiger d'elle : dévouement d'un personnel dont il faut espérer qu'on ne détruira pas la discipline; entente des directions des grands réseaux qui peuvent mettre à la disposition les unes des autres un immense matériel; administrations intelligentes qui se mettent, au besoin, dans les mains du Gouvernement. Certes il est difficile d'avoir, aux jours de danger, un instrument plus souple, plus énergique, et se prêtant mieux aux combinaisons militaires, alors qu'il est journellement utilisé pour les besoins de la paix. Il n'en eût pas été ainsi si les compagnies avaient été morcelées.

Voici les conclusions de M. Jacqmin.

Mesures générales.

1° Constituer au Ministère de la guerre, d'une manière permanente, et au même titre que les comités d'artillerie et du génie, un comité militaire des chemins de fer.

Le comité militaire serait ainsi composé :

D'un officier général, président;

De trois officiers généraux ou supérieurs de l'État-major, de l'artillerie et du génie ;

D'un fonctionnaire supérieur de l'intendance ;

D'un fonctionnaire supérieur du Ministère des travaux publics ;

Des six directeurs ou chefs d'exploitation des grandes compagnies de chemins de fer.

Le comité militaire centraliserait, à Paris, tous les renseignements relatifs aux chemins de fer français et étrangers et à leur emploi en temps de guerre. Il étendrait son action sur toute la France, par l'intermédiaire de *commissions de lignes* ou de *commandements d'étapes.*

Chaque commission de ligne serait composée d'un officier et d'un représentant supérieur des compagnies.

Mesures purement militaires.

2° Reviser, en les simplifiant, les règlements de 1855 sur les transports, par chemins de fer, des troupes et du matériel.

3° Prendre des mesures pour assurer, en route, la nourriture des hommes et des chevaux.

4° Faire entrer dans l'éducation régulière de toutes les troupes les manœuvres à faire, soit dans une gare de chemin de fer, soit en pleine voie

pour monter dans les trains ou en descendre, charger et décharger le matériel militaire. Ces exercices seraient permanents et se feraient au même titre
que les manœuvres de mobilisation, de concentration, ou que les manœuvres
purement militaires.

5° Comprendre, dans les mouvements de la cavalerie, la défense et l'at-
taque à grande distance des lignes de chemins de fer; prévoir, à cet égard,
un outillage spécial.

6° Faire autographier et distribuer à profusion, dans tous les régiments,
dans tous les établissements militaires, nos cartes au 320 ou au 80 millième,
vulgariser par tous les moyens possibles, dans notre pays, l'étude et la con-
naissance de la géographie, et imiter l'exemple de la Bavière qui, dans la
dernière guerre, a distribué, dit-on, aux troupes allemandes 270 000 cartes.

Mesures techniques.

7° Compléter, dans un certain nombre de gares, les moyens d'utilisation
des quais de chargement et de déchargement par la création de rampes
d'accès.

8° Comprendre dans les livrets de la marche des trains de chaque grande
compagnie un certain nombre de trains facultatifs, tracés en vue des besoins
militaires et pouvant être utilisés au reçu d'une dépêche.

9° Créer dix à douze sections militaires de campagne, analogues aux sections allemandes et destinées à assurer la réparation des voies et des ouvrages
détruits par l'ennemi.

10° Relier nos arsenaux et nos établissements militaires au réseau général
des chemins de fer, partout où cette jonction n'existe pas encore.

11° Créer en dehors des villes, et avec exclusion de toute population civile,
des ouvrages spéciaux, protégeant soit un souterrain, soit un grand ouvrage
d'art, soit une bifurcation, et comportant des dispositions qui permettent,
comme complément et prolongation de la défense du territoire, la destruction
du passage longuement protégé.

Ces conseils ont été en partie suivis, et, par un décret en date du 14 novembre 1872, le Président de la République a créé une commission militaire
supérieure des chemins de fer, chargée d'étudier les mesures à prendre pour

centraliser la direction des transports, familiariser nos officiers e nos armées avec le judicieux emploi de voies rapides appelées à rendre, pendant la guerre, d'aussi grands services que pendant la paix.

De plus, par un traité passé avec les six grandes compagnies françaises, un certain nombre de soldats du génie sont appelés à faire une partie de leur temps de service dans les divers départements de l'exploitation, soumis aux mêmes règles que les agents des chemins de fer auxquels ils se trouvent mêlés, et dont ils reçoivent la solde aux frais des compagnies.

Mais les résultats obtenus seraient incomplets si les régiments n'étaient souvent obligés de faire leurs mutations de garnison par la voie des chemins de fer, au lieu de marcher par étapes. Il faut que les officiers prennent l'habitude des embarquements et des débarquements, qu'ils soient au courant des manœuvres simples ou compliquées que ces opérations comportent. Les compagnies sont assez désintéressées dans la question, puisqu'elles sont obligées, par leur cahier des charges, de faire les transports des hommes, des chevaux, des munitions, des bagages au quart du tarif. La dépense du budget de la Guerre, pour le transport des troupes, n'en sera pas augmentée, et on profitera de ces mutations de garnison pour répéter toutes les manœuvres. Jusqu'à présent l'Administration de la guerre avait soigneusement évité les chemins de fer pour le transport des troupes, préférant les voyages par étapes. Sans doute, il faut habituer le soldat à la marche ; mais les promenades militaires avec armes, bagages, campements sont toujours à la disposition des chefs de corps.

Les Allemands ont ainsi compris l'appropriation des chemins de fer aux armées ; mais s'ils se sont montrés si supérieurs à nous, grâce à leurs études antérieures, n'oublions pas qu'ils étaient victorieux, qu'une marche en avant est toujours plus facile qu'une marche rétrograde. En fin de compte, nos transports ont été, presque toujours, plus rapides que les leurs ; ce qu'ils ont su éviter, c'est l'encombrement causé par notre inexpérience, par le défaut d'entente préalable entre l'Administration de la guerre et celle des chemins de fer, qui ne pouvait qu'exécuter les ordres dans les limites du possible.

La commission militaire nommée par le décret du 14 novembre 1872 n'a, dans son sein, que deux directeurs de chemins de fer ; ce n'est pas assez, selon nous, pour traiter des questions aussi complexes que celles qui doivent se présenter sur les six grands réseaux qui divisent la France.

Nous savons, indirectement, que la commission se réunit souvent ; elle aura, nous l'espérons, élaboré bientôt un premier travail qu'aura bien préparé le livre de M. Jacqmin. Il y a défaut, comme le dit le Ministre de la guerre, d'une organisation de direction ; le premier règlement fondamental à intervenir doit être simple, de rédaction concise, clair surtout, puisqu'il s'appliquera en même temps à des militaires et à des industriels.

Nous ne sommes pas plus avancés, aujourd'hui, qu'il y a trois ans, et la commission supérieure n'oubliera pas que l'ordre, dans les transports militaires, a aussi sa grande utilité pendant la paix.

PARIS. — IMPRIMERIE DE MADAME VEUVE BOUCHARD-HUZARD, RUE DE L'ÉPERON, 5.